essentials

essentials liefern aktuelles Wissen in konzentrierter Form. Die Essenz dessen, worauf es als „State-of-the-Art" in der gegenwärtigen Fachdiskussion oder in der Praxis ankommt. *essentials* informieren schnell, unkompliziert und verständlich

- als Einführung in ein aktuelles Thema aus Ihrem Fachgebiet
- als Einstieg in ein für Sie noch unbekanntes Themenfeld
- als Einblick, um zum Thema mitreden zu können

Die Bücher in elektronischer und gedruckter Form bringen das Expertenwissen von Springer-Fachautoren kompakt zur Darstellung. Sie sind besonders für die Nutzung als eBook auf Tablet-PCs, eBook-Readern und Smartphones geeignet. *essentials:* Wissensbausteine aus den Wirtschafts, Sozial- und Geisteswissenschaften, aus Technik und Naturwissenschaften sowie aus Medizin, Psychologie und Gesundheitsberufen. Von renommierten Autoren aller Springer-Verlagsmarken.

Weitere Bände in der Reihe http://www.springer.com/series/13088

Falk Hartig

Public Diplomacy

Internationale PR für Staaten – eine Annäherung

 Springer VS

Falk Hartig
Leichlingen (Rheinland), Deutschland

ISSN 2197-6708　　　　　　　　ISSN 2197-6716　(electronic)
essentials
ISBN 978-3-658-25466-7　　　　ISBN 978-3-658-25467-4　(eBook)
https://doi.org/10.1007/978-3-658-25467-4

Springer VS

Springer VS ist ein Imprint der eingetragenen Gesellschaft Springer Fachmedien Wiesbaden GmbH und ist ein Teil von Springer Nature
Die Anschrift der Gesellschaft ist: Abraham-Lincoln-Str. 46, 65189 Wiesbaden, Germany

- Eine kompakte Annäherung an das Konzept der Public Diplomacy
- Eine Beschreibung der Ziele, Akteure, Instrumente und Zielgruppen von Public Diplomacy
- Eine Beschreibung verwandter Begriffe und Konzepte von Public Diplomacy
- Eine Beschreibung von Forschungslücken und Ansätzen für die künftige Forschung

Inhaltsverzeichnis

Public Diplomacy: Einführung und Hintergründe

1

Seit es Staaten gibt, kommunizieren diese miteinander. Einerseits kommunizieren Staaten untereinander, beispielsweise indem Regierungschefs oder Minister[1] miteinander sprechen oder indem Abgesandte die (außen)politischen Interessen ihrer jeweiligen Heimatstaaten im Ausland vertreten. Diese zwischenstaatliche Kommunikation wird als Diplomatie bezeichnet.

Andererseits kommunizieren Staaten auch mit den Öffentlichkeiten anderer Staaten, um bei der Bevölkerung dieser anderen Staaten ein möglichst vorteilhaftes Bild von sich zu erzeugen, diese ausländischen Bevölkerungen über den eigenen Staat zu informieren und Beziehungen zu diesen Bevölkerungen aufzubauen. Diese Form der Kommunikation wird als Public Diplomacy bezeichnet. Public Diplomacy kann in Anlehnung an Cull (2008a) in folgende Komponenten unterteilt werden: Zuhören als Grundvoraussetzung jeglicher Kommunikation; Interessenvertretung, also Kommunikation um bestimmte politische Maßnahmen voranzubringen; Kulturdiplomatie; Austauschprogramme sowie internationaler Rundfunk.

Während sich die internationale Kommunikations- und Politikwissenschaft seit Langem mit diesem Konzept beschäftigt, findet Public Diplomacy im deutschen Sprachraum bisher nur wenig Beachtung. Daher stellt dieser Band das Konzept kompakt vor.

---

[1]Aus Gründen der besseren Lesbarkeit wird im Text häufig die männliche Form verwendet. Gemeint ist stets sowohl die weibliche als auch die männliche Form.

© Springer Fachmedien Wiesbaden GmbH, ein Teil von Springer Nature 2019   1
F. Hartig, *Public Diplomacy*, essentials,
https://doi.org/10.1007/978-3-658-25467-4_1

1.1   Hintergründe

Populär wurde der Begriff nach dem Zweiten Weltkrieg in den USA. 1965 definierte Edmund A. Gullion, ehemaliger US-Diplomat, Public Diplomacy als „the means by which governments, private groups and individuals influence the attitudes and opinions of other peoples and governments in such a way as to exercise influence on their foreign policy decisions". Diese Definition war viele Jahre die Grundlage für die Anwendung von Public Diplomacy in der außenpolitischen Praxis und für die wissenschaftliche Beschäftigung damit.

Mit Blick auf die Vereinigten Staaten konstatiert Auer (2015) Akzentverschiebungen seit den 1960er Jahren. Im Kalten Krieg spielte Public Diplomacy im Systemkampf mit der damaligen Sowjetunion eine wichtige außenpolitische Rolle, weswegen definitorisch vor allem die Persuasion der Weltöffentlichkeiten im Zentrum stand. Mit dem Ende des Kalten Krieges nahm das Interesse der Politik an Public Diplomacy ab und in den Definitionen verschob sich das Ziel von Public Diplomacy „von der Beeinflussung ausländischer Zielgruppen hin zur Verständnisgenerierung" (Auer 2015, S. 149). Eine erneute Veränderung ergab sich nach den Terroranschlägen des 11. September 2001. Einerseits wurde Public Diplomacy für die außenpolitische Praxis wieder wichtiger; andererseits wurde der Ansatz der Verständnisgenerierung weiterentwickelt. In der wissenschaftlichen Debatte wird seither postuliert, dass Verständigung gegenseitig sein müsse, also eine Zweiweg-Kommunikation, um erfolgreich zu sein (Zaharna et al. 2013).

Allerdings ist das ein Begriffsverständnis, welches sich in westlichen Demokratien herausgebildet hat. Andere, vor allem nicht-demokratische, Staaten wie Russland oder China haben ein weniger normatives sehr viel funktionaleres Verständnis von Public Diplomacy.

Aber selbst im Westen gibt es in der wissenschaftlichen Auseinandersetzung kaum etwas, worauf sich alle einigen könnten. So konstatiert beispielsweise Copeland (2011, S. 185) „definitorisches Durcheinander" während Fitzpatrick (2010, S. 91) gar „definitorisches Chaos" beklagt. Basierend auf einer Analyse von rund 150 Definitionsansätzen kommt sie zu dem Schluss, dass es erhebliche Uneinigkeiten darüber gibt, wie Funktionen, Ziele und Strategien von Public Diplomacy zu unterscheiden sind.

Drei Definitionen aus der überschaubaren deutschen Diskussion deuten die Vielschichtigkeit an. Für Jäger und Viehring (2008, S. 7) ist Public Diplomacy „ein regierungsseitiger Kommunikationsprozess, der sich […] an eine fremde Öffentlichkeit richtet" um diese fremde Öffentlichkeit zu beeinflussen, „mit dem Zweck, eigene Interessen bei einer fremden Regierung durchzusetzen." Auer et al. (2015, S. 39) beschreiben Public Diplomacy als „die Kommunikationsaktivitäten internationaler Akteure (z. B. Regierungen, multinationale Organisationen, Nicht-regierungsorganisationen), die darauf abzielen, politische, wirtschaftliche, kulturelle oder wissenschaftliche Beziehungen zu anderen internationalen Akteuren und Öffentlichkeiten zu gestalten, insbesondere die eigene Wahrnehmung im Ausland positiv zu beeinflussen". Für Ostrowski (2010) beschreibt der Begriff die Gesamtheit der Maßnahmen außenpolitisch agierender staatlicher Akteure, die sich an ausländische Öffentlichkeiten richten und dabei das Ziel der Steigerung der soft power des durch sie vertretenen Staates verfolgen, wobei sie zur Erreichung dieses Ziels Instrumente aus dem Gebiet der Public Relations adaptieren, Netzwerkbildung betreiben und außenkulturpolitische Maßnahmen implementieren.

An diesem Durcheinander hat sich nichts geändert (Auer 2017), im Gegenteil: die Unübersichtlichkeit nimmt mit der zunehmenden wissenschaftlichen Beschäftigung mit Public Diplomacy immer weiter zu. Daher ist es explizit nicht das Ziel des vorliegenden Bandes, eine weitere Definition zur Diskussion zu stellen. Vielmehr soll Public Diplomacy in groben Zügen als Konzept internationaler politischer Kommunikation vorgestellt werden. Dafür werden zunächst praktische Aspekte von Public Diplomacy skizziert, indem Ziele, Akteure, Instrumente und Zielgruppen beschrieben werden (Kap. 2). Im Anschluss werden verwandte Begriffe und Konzepte skizziert (Kap. 3). Der abschließende Teil (Kap. 4) beschäftigt sich mit der Forschungs- und Lehrsituation im deutschsprachigen Raum und skizziert einige Lücken der bisherigen Public Diplomacy-Forschung.

Eine Anmerkung noch zum Begriff Public Diplomacy an sich: Während *diplomacy* problemlos als „Diplomatie" ins Deutsche übersetzt werden kann, meint *public* sowohl die „Öffentlichkeit" als auch „öffentlich". Zöllner (2009) weist in einem englischsprachigen Beitrag auf die terminologischen Probleme hin, den Begriff adäquat ins Deutsche zu übertragen, da in Deutschland in der Regel von Auswärtiger Kultur- und Bildungspolitik gesprochen wird (siehe Abschn. 3.4). In der deutschen Literatur wird mitunter von „öffentlicher Diplomatie" gesprochen (z. B. Jäger und Viehrig 2008; Ostrowski 2010), was mir unpassend erscheint. Natürlich findet diese Kommunikation öffentlich statt, entscheidender ist meiner Ansicht nach allerdings die Öffentlichkeit als Zielgruppe. Wenn der Begriff also ins Deutsche übersetzt werden müsste, wäre wohl die etwas umständliche Formulierung „an Öffentlichkeit gerichtete Diplomatie" der genauere Begriff. Der vorliegende Text nutz daher den englischen Begriff.

Die praktische Dimension von Public Diplomacy

2

Eine Möglichkeit, sich dem Begriff zu nähern, ist es, praktische Aspekte zu beschreiben. Da Public Diplomacy hier als ein kommunikativer Vorgang verstanden wird, kann man Ziele, Akteure, Instrumente und Zielgruppen dieser Kommunikation beschreiben.

2.1 Ziele von Public Diplomacy

Eine grundsätzliche Frage, wie bei jeder Kommunikation, lautet: warum bzw. mit welchen Zielen wird Public Diplomacy eigentlich praktiziert?

Einige Länder wollen global wahrgenommen werden oder ihren Bekanntheitsgrad steigern. Dies gilt besonders für kleine[1] oder mittlere Staaten wie zum Beispiel Polen (Surowiec 2017) oder die skandinavischen Länder (Clerc et al. 2015). In Hinblick auf Kanada stellt Potter (2009) fest, Länder könnten es sich heutzutage schlicht nicht mehr leisten, auf der Weltbühne anonym zu bleiben. Das Hauptproblem für kleinere Länder ist ihre globale Unsichtbarkeit. Sie kommen in den globalen Medien viel weniger vor und versuchen daher mittels Public Diplomacy die Aufmerksamkeit der Welt zu erreichen, um so beispielsweise Touristen oder Investoren anzulocken.

Demgegenüber stehen große Länder, die in der Regel genügend Aufmerksamkeit bekommen und Public Diplomacy unter anderem eher dazu nutzen, sich gegen internationale Kritik zu wehren. Prominente Beispiele hierfür sind die USA, Russland oder China.

---

[1] „Klein" und „groß" beziehen sich hier nicht in erster Linie auf die geografische Größe eines Landes, sondern vielmehr auf die politische und/oder wirtschaftliche Bedeutung.

© Springer Fachmedien Wiesbaden GmbH, ein Teil von Springer Nature 2019   5
F. Hartig, *Public Diplomacy,* essentials,
https://doi.org/10.1007/978-3-658-25467-4_2

Ein weiterer Grund Public Diplomacy zu praktizieren, besteht darin, bestimmte Standpunkte zu erklären oder für bestimmte Maßnahmen zu werben. Das Ziel indischer Public Diplomacy zum Beispiel ist es, „to convey the message: why we do what we do" (Dasgupta 2011, S. 74), weil „it is as important to tell the story of why we do what we do to our own people (and thereby seek their support), as it is to reach out to foreign audiences" (Dasgupta 2011, S. 75). Ähnliches gilt für die Niederlande. Dort geht es darum, mittels Public Diplomacy Unterstützung für die niederländische Politik und Verständnis für niederländische Standpunkte zu generieren (Gonesh und Melissen 2005).

Ein weiterer Grund, der in der Literatur nicht so häufig und explizit thematisiert wird, besteht für einige westliche Länder darin, ihre Werte, die sie als universelle Werte verstehen, anderen zu vermitteln (Fitzpatrick 2010). So erklärt schon der Untertitel der unter dem damaligen Außenminister Westerwelle konzipierte Strategie „Auswärtige Kultur- und Bildungspolitik in Zeiten der Globalisierung" (Auswärtiges Amt 2011) worum es geht, nämlich: „Partner gewinnen, Werte vermitteln, Interessen vertreten". Dass Demokratieförderung in der deutschen Außenpolitik eine wichtige Rolle spielt, wird deutlich formuliert: „Wir wollen die betroffenen Länder dabei unterstützen, eine tragfähige Demokratie in einer starken Zivilgesellschaft zu verankern" (Auswärtiges Amt 2011, S. 8).

Prinzipiell, darüber herrscht Einigkeit in der Literatur, dient Public Diplomacy den politischen Interessen des Staates, der Public Diplomacy praktiziert. Ein essenzielles Ziel von Public Diplomacy in diesem Zusammenhang ist die Generierung eines positiven Images des jeweiligen Landes (Kunzick 1990; Fähnrich 2013). Die Grundannahme hierbei ist, dass sich Staaten aus politischen und wirtschaftlichen Gründen um ein positives Bild (Image) im Ausland bemühen und versuchen, dieses Ansehen mittels verschiedener kommunikativer und anderer Maßnahmen (siehe Abschn. 2.3) zu erzeugen.

Ein positives Image hilft dem Land einerseits in der internationalen Politik, da man als glaubwürdiger und zuverlässiger Partner gilt; andererseits hat ein positives Image auch wirtschaftliche Implikationen: es zieht Touristen an, es lockt ausländische Investoren und insgesamt profitiert die Wirtschaft eines Staates eher davon, wenn dieser im Ausland positiv wahrgenommen wird. Daher besteht für Gilboa (2016) der Kern von Public Diplomacy darin, einen guten Eindruck des jeweiligen Landes zu vermitteln.

2.1.1 Die negative Dimension von Public Diplomacy

Entscheidend ist, dass es in der Regel fast immer darum geht, die Außenwahrnehmung *positiv* zu gestalten. Das mag naheliegend sein, erfasst allerdings meiner Ansicht nach nicht die gesamte Bandbreite von Public Diplomacy, die auch eine negative kommunikative Dimension besitzen kann. Diese wird wissenschaftlich kaum thematisiert, findet aber in der Praxis statt, wie der kommunikative Umgang mit Flüchtlingen exemplarisch zeigt.

Zum Beispiel betreut das deutsche Auswärtige Amt die Website *Rumors about Germany*, auf der in verschiedenen Sprachen Lügen entkräftet werden, mit denen Schlepper versuchen, Fluchtwillige für die gefährliche Reise nach Deutschland zu motivieren (siehe Abschn. 3.4). Dabei, so Michelle Müntefering, seit März 2018 Staatsministerin für Auswärtige Kulturpolitik, gehe es „um Aufklärung, nicht um Abschreckung" (Zerki 2018, S. 11). Die Intention dieser Kampagne sei es, „zu einem realistischen Deutschlandbild" beizutragen, denn es helfe „niemandem, wenn Menschen mit Erwartungen kommen, die wir nicht halten können" (ebd.).

Auch wenn diese Lesart nachvollziehbar ist, so lässt sich der Abschreckungscharakter nicht von der Hand weisen. Noch deutlicher wird dieser bei gezielt eingesetzten Negativkampagnen, in denen sich Ziel-Länder bewusst negativ darstellen, um so potenzielle Flüchtlinge abzuschrecken. So veröffentlichte das Bundesinnenministerium im August 2015 Videos, in denen Bürger der ehemaligen Balkanstaaten darüber informiert wurden, dass sie faktisch keine Chance hätten, in Deutschland Asyl zu erhalten. Die Informationen dazu wurden in einem Video vermittelt, in dem ein tristes Deutschland präsentiert wird. Aufgenommen im nassgrauen deutschen Winter sieht man Polizeibusse, Gepäck, verpixelte Kindergesichter und Abschiebeeinrichtungen. Auch visuell wird hier die Botschaft klar: es lohnt sich nicht, nach Deutschland zu kommen (Hartig 2017).

Als Vorbild für die deutsche Abschreckungskampagne kann wohl Australiens „No Way"-Kampagne gelten, die bekannt wurde durch ein Video, in dem ein australischer General mit strengem Blick in die Kamera schaut und sagt: „If you travel by boat without a visa, you will not make Australia home".

Gilboa (2016) weist daraufhin, dass Public Diplomacy in Konflikten genutzt wird, um das Vorgehen bestimmter politischer Akteure zu verteidigen und gleichzeitig das Vorgehen der Feinde zu attackieren. Hall (2010, S. 254) merkt an, dass Public Diplomacy meist zwar gut, aber genauso niederträchtig und böse gemeint sein könne. Diese potentielle Bösartigkeit ergibt sich für ihn aus der Natur der Sache, nämlich durch „interference within the borders of other states [as] it aims at influencing the opinion of foreign publics, sometimes against the declared views of their leaders" (ebd.).

Die grundlegende Einsicht, dass Public Diplomacy sich in die inneren Angelegenheiten anderer Staaten einmischt, ist dabei ein bedenkenswerter Punkt, der in westlichen Diskursen kaum thematisiert wird. Das, so steht zu vermuten, liegt vor allem daran, dass im westlichen Selbstverständnis Public Diplomacy etwas Positives ist bzw. positive Dinge für andere Staaten bewirken kann. In nicht-westlichen Debatten um Public Diplomacy wird sehr viel weniger normativ und sehr viel realpolitischer diskutiert. So findet sich zum Beispiel in China eine Denkschule, die eine „destruktive" Variante von Public Diplomacy ausmacht, mit der verschiedene westliche Staaten versuchen, dass politische und wirtschaftliche System eines Ziellandes zu verändern oder gar das politische und gesellschaftliche System eines Ziellandes zu untergraben (Hartig 2016). Auch wenn man hier aufpassen muss, nicht in Verschwörungstheorien abzudriften, sind dies Punkte, die bei der Diskussion um Public Diplomacy ernsthafter bedacht werden sollten. Denn natürlich kann es im Interesse eines Staates sein, in einem anderen Land mittels Kommunikation für Unordnung zu sorgen.

2.2   Akteure von Public Diplomacy

Ebenfalls nicht eindeutig wird in der Literatur die Frage geklärt, wer als Akteur von Public Diplomacy gilt. Dies liegt auch daran, dass schon unklar ist, wie Akteure von Instrumenten zu unterscheiden sind. Ob beispielsweise ein Kulturinstitut ein Akteur oder ein Instrument ist, bleibt offen.

Eine wichtige Rolle spielt die Frage, ob Public Diplomacy grundsätzlich eine Regierungsaufgabe ist oder auch ‚diplomatische' Maßnahmen nichtstaatlicher Akteure einschließt (Fitzpatrick 2010). Ursprünglich, so La Porte (2012), wurde Public Diplomacy ausschließlich vom Staat praktiziert, aber im Zuge der Globalisierung wurden immer mehr nichtstaatliche und nicht-Regierungsstellen mit einbezogen. In diesem Zusammenhang werden als Akteure vor allem genannt: Universitäten, Wissenschaftler, Schulen, NGOs, Journalisten, politische Parteien, Wirtschaftsverbände oder Vereinigungen. Ein Vorteil ist, dass diese Akteure in der Regel als glaubwürdiger gelten, „often to the extent to which they are seen as critical of their own government" (Riordan 2004, S. 12).

Während für einige die Rolle des Staates vollkommen unwichtig ist (Ota 2010), wird heutzutage grundsätzlich anerkannt „that, while government is still the driving force behind public diplomacy, the onus can no longer fall on the nation-state government alone" (Wang 2006, S. 94). Daher werden zunehmend auch nicht-staatliche Akteure als Public Diplomacy-Akteure verstanden.

Wenn man aber den Begriff *Diplomatie* in Public Diplomacy ernst nimmt, kann man argumentieren, nur dann von Public Diplomacy zu sprechen, wenn den entsprechenden Maßnahmen ein irgendwie gearteter offizieller Ansatz oder Auftrag zugrunde liegt (McDowell 2008). Zudem erscheint eine Extremposition, die jeglichen staatlichen Bezug als unwichtig erachtet nicht zielführend, da dann – weitergedacht – jeder Tourist im Ausland zur Public Diplomacy seines Heimatlandes beitragen würde.

Wenn also von Public Diplomacy die Rede ist, sollte meiner Ansicht nach eine wie auch immer geartete staatliche Komponente erkennbar sein. Entweder indem eine staatliche Stelle (z. B. ein Ministerium) einen Akteur beauftragt oder die Maßnahmen eines Akteurs finanziert, wobei das eine meist das andere bedingt.

Schwieriger wird es definitorisch, wenn ein nicht-staatlicher Akteur zwar nicht im Auftrag, aber doch im Geiste seines Heimatstaates mit Öffentlichkeiten im Ausland interagiert. Ein Beispiel hierfür sind die internationalen Aktivitäten unterschiedlicher Stiftungen. Es ist vollkommen richtig, dass „private gemeinnützige Stiftungen [heute] aus den internationalen Beziehungen nicht mehr wegzudenken" sind (Theiner 2015, S. 303) und diese einen durchaus beachtlichen Beitrag zu den „auswärtigen Kulturbeziehungen" leisten. Aber genau hier liegt die Einschränkung, also bei den auswärtigen *Kulturbeziehungen,* die prinzipiell auch ohne staatliches Mandat funktionieren. Diese von Stiftungen gepflegten internationalen Kulturbeziehungen sind für die Völkerverständigung von immenser Bedeutung und beeinflussen selbstverständlich auch das Ansehen des Heimatlandes einer Stiftung. Dies tun beispielsweise auch Unternehmen, was mitunter als Corporate Diplomacy beschrieben wird (z. B. Henisz 2014). Wenn allerdings ein engerer Public Diplomacy-Begriff genutzt wird, dann wären Maßnahmen solcher Akteure weniger dem Feld der Public Diplomacy als vielmehr dem weitergefassten Begriff des Image-Management eines Landes zuzuordnen.[2]

Egal ob staatliche oder nicht-staatliche Akteure, in aller Regel gehören diese zu dem Staat, der Public Diplomacy praktiziert. Allerdings können auch ausländische Organisationen Public Diplomacy-Akteure sein. So kann ein in Staat A ansässiger Akteur von Staat B beauftragt werden, dessen Public Diplomacy in Staat A umzusetzen. In der Regel geschieht dies, indem Staaten ihre Public

---

[2]Um die Verwirrung komplett zu machen, kann man argumentieren, dass es in einigen Ländern global agierende Staatsunternehmen gibt, die die Wahrnehmung ihres Staates im Ausland prägen. Da hier die staatliche Komponente klar ist, müsste man wohl von Public Diplomacy-Akteuren sprechen. Prominente Beispiele hierfür wären Chinas große Staatskonglomerate oder auch ein russischer Konzern wie Gazprom.

Diplomacy ganz oder teilweise an PR-Firmen im Ausland auslagern (Manheim 1994). Allerdings können auch andere Akteure im Ausland damit betraut werden.

Dafür gibt es mehrere Gründe: erstens ist dies eine vergleichsweise kostengünstige Art, Public Diplomacy zu praktizieren. Ein Staat, der nicht in der Lage oder nicht gewillt ist, sich beispielsweise ein teures Netz von Kulturinstituten im Ausland oder einen Auslandssender zu leisten, kann so meist punktuell mit ausländischen Partnern zusammenarbeiten. Der zweite Grund mit einheimischen Akteuren zusammenzuarbeiten, besteht darin, dass diese die lokalen Gegebenheiten sehr viel besser kennen. Der lokale Partner kennt die politischen und kulturellen Besonderheiten und hat wichtige Kontakte vor Ort in den politischen, medialen, kulturellen und wissenschaftlichen Bereich.

Ein dritter Grund betrifft die Glaubwürdigkeit der Akteure. Glaubwürdigkeit ist eine der wichtigsten Ressourcen von Public Diplomacy und prinzipiell haben Regierungen heutzutage potenziell ein Glaubwürdigkeitsproblem, wenn sie mit Öffentlichkeiten kommunizieren. Auch hier kann die Zusammenarbeit mit lokalen Partnern hilfreich sein. Allerdings ist diese Variante nicht ohne Risiko für den auslagernden Staat: wenn öffentlich bekannt wird, dass dieser mit externen Organisationen arbeitet und dies nicht transparent macht (was durchaus beabsichtigt sein kann), dann hat der Absender ein noch größeres Glaubwürdigkeitsproblem. Und selbst für die lokalen Organisationen kann es zum Problem werden, wenn sie als Public Diplomacy-Akteure eines anderen Landes erkennbar sind. Ein Beispiel hierfür sind Chinas Konfuzius-Institute, die als Joint Ventures zwischen chinesischen und internationalen Universitäten organisiert sind, weswegen die internationalen Universitäten oftmals als Propaganda-Instrumente des chinesischen Staates wahrgenommen werden. Ein anderes Beispiel ist die deutsche PR-Agentur WMP Eurocom, die Ende 2018 massiv kritisiert wurde, als deren Mandat für Saudi-Arabien öffentlich wurde.

2.3 Instrumente und Verfahren von Public Diplomacy

Es gibt zahlreiche Public Diplomacy-Instrumente und ähnlich vielfältig sind die Möglichkeiten, diese zu gruppieren. Was als Public Diplomacy-Instrument gilt oder eben nicht, hängt schlussendlich davon ab, wie man Public Diplomacy selbst versteht.

Instrumente reichen von den Botschaften im Ausland und deren Aktivitäten über den Gastbeitrag eines Botschafters in den Medien des Gastlandes über unterschiedliche Austauschprogramme bis hin zu staatlich finanzierten Radio- und TV-Sendern und den diversen Kulturinstituten im Ausland.

Beispiele für Austauschprogramme sind das von der US-Regierung finanzierte Fulbright Programm oder das von der Alexander von Humboldt Stiftung realisierte „Bundeskanzler-Stipendium für Führungskräfte von morgen". Bekannte Auslandssender sind unter anderem die Deutsche Welle, der Senderverbund Voice of America, das China Global Television Network (CGTN), der russische Auslandssender RT (vormals Russia Today) oder die iranischen Sender Press TV oder Al-Alam. Bekannte Kulturinstitute, die sich um die Kultur- und Sprachvermittlung der jeweiligen Länder kümmern, sind das British Council, das Goethe-Institut, Spaniens Instituto Cervantes, die Stiftung Russki Mir oder Chinas Konfuzius-Institute.

Public Diplomacy-Verfahren können mithilfe drei verschiedener Zeitdimensionen beschrieben werden (Leonard et al. 2002). Erstens die direkte Vermittlung von Informationen über Land und Leute, teils durch die Regierung, einzelne Ministerien, meist aber durch die Botschaften. Hierbei handelt es sich meist um klassische Pressearbeit, die entweder innerhalb von Stunden oder Tagen auf bestimmte Vorkommnisse oder Ereignisse reagiert oder eigeninitiativ über bestimmte Ereignisse informiert.

Zweitens kann Public Diplomacy längerfristige Kommunikationsmaßnahmen realisieren, klassische Beispiele hierfür sind verschiedene Kampagnen, die über einen längeren Zeitraum aber doch meist zeitlich begrenzt auf bestimmte Aspekte eines Landes hinweisen. In diese Kategorie fallen unter anderem die zahlreichen Deutschlandjahre in verschiedenen Gastländern. Aktuell läuft die Initiative „Deutschlandjahr USA 2018/2019 – Wunderbar Together". Diese wird vom Auswärtigen Amt gefördert, vom Goethe-Institut realisiert und vom Bundesverband der Deutschen Industrie unterstützt.

Die dritte Zeit-Dimension von Public Diplomacy bezieht sich auf langfristige Maßnahmen, bei denen es vor allem darum geht, stabile und belastbare Beziehungen zur Bevölkerung im Zielland aufzubauen. Erreicht werden soll dies in der Regel durch unterschiedliche Austauschprogramme, durch Veranstaltungen oder durch die Vergabe von Stipendien.

2.4 Zielgruppen von Public Diplomacy

Public Diplomacy-Zielgruppen werden oft als „key individuals" (Nye 2004, S. 109) oder „educated elites that might one day become movers and shakers in their own society" (Taylor 2009, S. 12) beschrieben.

Diese Zuschreibungen verdeutlichen, dass die Frage der Zielgruppen eng mit den Instrumenten von Public Diplomacy verbunden ist. Instrumente für diese ausgewählten Zielgruppen sind beispielsweise Austausch- oder Förderprogramme, die ihre Teilnehmer mittels anspruchsvoller Auswahlprozesse finden oder Programme für Personen, die qua Beruf als Meinungsbildner agieren wie Lehrer, Journalisten oder Kulturschaffende.

Diesem traditionell eng gefassten Zielgruppenverständnis liegen Annahmen der klassischen Massenkommunikation zugrunde, wie zum Beispiel das Modell des Zweistufenflusses der Kommunikation gemäß Lazarsfeld und Katz. Dieses Modell geht davon aus, dass die Meinungsbildung der meisten Menschen auf einzelne Meinungsbildner zurückgeht, die ihrerseits von den Massenmedien beeinflusst werden. Laut Lazarsfeld und Katz fließen Informationen und Ansichten von den Massenmedien zu Meinungsführern und von denen dann zum Massenpublikum. Wenn man „Massenmedien" durch „Public Diplomacy- Instrumente" ersetzt, ist man recht nahe beim Wirkungs- und Publikumsverständnis, welchen diesen Maßnahmen zugrunde liegt.

Neben Instrumenten für gesellschaftliche Eliten gibt es Instrumente, die sich potenziell an ein Massenpublikum wenden. Dies sind vor allem mediale Instrumente wie Radio- und TV-Programme, Printmedien und in jüngster Zeit ganz besonders die unterschiedlichsten Social Media-Aktivitäten, die in der Wissenschaft unter dem Begriff der Digital Diplomacy analysiert werden (Bjola und Holmes 2015). Allerdings muss hier immer die Frage beachtet werden, inwiefern diese Instrumente ihre Zielgruppen wirklich erreichen.

Neben der Frage, an welche Zielgruppen sich Public Diplomacy wendet, spielt auch die Frage eine Rolle, welche Rolle der Absender seinem potenziellen Publikum zugesteht. Geht man also prinzipiell von einem passiven oder aktiven Publikum aus?

Während das traditionelle Publikumsverständnis, angelehnt an die Tradition der Massenkommunikation, das Publikum als passiv betrachtet (z. B. Potter 2009), setzt sich zunehmend die Ansicht durch, dass Publika „are not passive audiences, but are active participants" (Fisher 2013, S. 219). Dieses Aktivsein meint im Grunde nichts anders, als dass das Publikum die Botschaften des Senders nicht einfach nur interpretiert und dekodiert und somit dem Sender nicht wehrlos „ausgeliefert" ist; vielmehr sucht ein aktives Publikum von sich aus nach Informationen und möglichen Informationsquellen. Das heißt also, dass eine Public Diplomacy-Maßnahme ihre potenzielle Wirkung überhaupt nur dann entfalten kann, wenn sie bis zum Publikum durchdringt. Und dafür muss sich das Publikum dieser Maßnahme überhaupt erst zuwenden.

Konzeptionelle Annäherung: verwandte Begriffe und Konzepte 3

Die „strategische Kommunikation von Staaten bzw. staatlichen Organisationen im Rahmen der auswärtigen Politik" (Fähnrich 2013, S. 69) wird in verschiedenen wissenschaftlichen Disziplinen untersucht und unterschiedlich beschrieben. Der dritte Abschnitt stellt daher die wichtigsten Konzepte vor, die in der Praxis ähnliche kommunikative Praktiken meinen und ebenfalls eine Annäherung an den Begriff der Public Diplomacy ermöglichen. Diese Konzepte sind Public Relations, Propaganda, Soft Power und Nation Branding sowie Auswärtige Kultur- und Bildungspolitik.

3.1 Public Diplomacy und Public Relations

In der konzeptionellen Diskussion von Public Diplomacy wird häufig auf Theorien, Methoden und Modelle der Public Relations Bezug genommen und beide Konzepte in Beziehung zueinander gesetzt (Golan et al. 2015).

Ein grundsätzliches Problem besteht bei diesen konzeptionellen Debatten darin, dass es auch für Public Relations keine allgemeingültige Definition gibt (Fröhlich 2015). Bentele (1995, S. 13) zum Beispiel definiert Public Relations als das „Management von Informations- und Kommunikationsprozessen zwischen Organisationen einerseits und ihren internen oder externen Umwelten [...] andererseits".

Eine wichtige Funktion von PR ist dabei die „Konstruktion wünschenswerter Images" (Jarren und Röttger 2015, S. 37). Da persönliche Wirklichkeitserfahrungen immer schwieriger und der Einfluss medienvermittelter Informationen immer stärker werden, erfüllen Images zentrale Selektions- und Entscheidungsfunktionen, da sie komplexe Objekte jeglicher Art auf eingängige Muster reduzieren. Kernaufgabe von Public Relation ist somit „Selbstdarstellung

© Springer Fachmedien Wiesbaden GmbH, ein Teil von Springer Nature 2019   13
F. Hartig, *Public Diplomacy,* essentials,
https://doi.org/10.1007/978-3-658-25467-4_3

zur Herstellung eines bestimmten Ansehens in der öffentlichen Meinung, um Beachtung und Aufmerksamkeit zu finden, einen guten Ruf oder ein positives Image aufzubauen und zu pflegen" (Femers 2015, S. 74).

Für Burkhart und Probst (1991) hat PR vor allem eine Verständigungsfunktion. Sie betonen dialogische Formen der Konfliktlösung, die zu Verständigung führen sollen. Indem Verständigung und Dialog in den Mittelpunkt gerückt werden, scheint dieses Modell „Handlungsanleitungen für ethisch hochwertige und normativ korrekte PR" zu bieten und verweist gleichzeitig auf die Legitimations- und Akzeptanzprobleme der PR-Branche (Jarren und Röttger 2015, S. 37–38).

Sowohl die Image- als auch die Verständigungsfunktion finden sich ganz ähnlich auch im Public Diplomacy-Diskurs wieder (Abschn. 1.1 und Abschn. 2.1) und verdeutlichen die Ähnlichkeit beider Konzepte. Konzeptionelle Überschneidungen gibt es zudem mit der politischen und der internationalen PR. Politische PR kann als die „öffentlichkeitswirksame, an der Medienlogik ausgerichtete strategische Kommunikation" politischer Akteure verstanden werden (Adam et al. 2015, S. 1139), bei der es um den Aufbau von Beziehungen und das Management des Ansehens der jeweiligen politischen Akteure geht (Raupp und Kocks 2018).

Internationale PR wiederum kann definiert werden als „das Management von Informations- und Kommunikationsprozessen zwischen international tätigen Organisationen […] und ihren internen und externen Umwelten" (Andreas und Bentele 2015, S. 1115). Eine Form dieser internationalen PR ist dabei die internationale PR für Staaten (Huck-Sandhu 2015). Eine wesentliche Aufgabe dieser internationalen PR für Staaten ist „die bewusst geplante, dauerhafte Verbreitung interessengebundener Informationen mit dem Ziel, ein positives Image des eigenen Staates im Ausland" aufzubauen oder zu stabilisieren beziehungsweise ein negatives Image abzubauen (Kunczik 1996, S. 111, zitiert in Huck-Sandhu 2015, S. 759).

Die Definitionen von politischer und internationaler PR verdeutlichen, dass eine trennscharfe Abgrenzung zwischen Public Diplomacy und Public Relations nur schwer möglich ist (Fitzpatrick et al. 2013).

So argumentieren Signitzer und Coombs (1992) beispielsweise, dass Praktiker beider Professionen sehr ähnliche Ziele verfolgen, nämlich die öffentliche Meinung im Sinne der jeweiligen Organisation zu beeinflussen. Und dieser Konvergenz-Prozess solle kultiviert und nicht ignoriert werden. Melissen (2005) erkennt ebenfalls an, dass der Modus Operandi von Public Diplomacy sich nicht gänzlich von dem der Public Relations unterscheidet und Signitzer und Wamser (2006) heben hervor, dass Public Relations und Public Diplomacy beides Funktionen strategischer Kommunikation von Organisationen oder Staaten sind.

Nichtsdestotrotz betreiben nicht wenige Public Diplomacy-Praktiker ihrem Selbstverständnis nach keine PR (Armstrong 2009). Der Grund scheint ein recht normatives Verständnis von Public Diplomacy zu sein, die sich intensiv mit Zielgruppen beschäftigt, aber nicht mit kurzfristigen und oberflächlichen Marketingmaßnahmen. PR wird hier also als reines Instrument der Reklame und Verkaufsförderung verstanden, welches Zielgruppen zwar vielleicht kurzfristig verzaubern kann, aber leidlich oberflächlich bleibt. Und genau davon scheinen sich Public Diplomacy-Praktiker distanzieren zu wollen, da ihnen solche Marketingmaßnahmen unvereinbar mit diplomatischen Anstrengungen erscheinen (Floyd 2007). Oder etwas zugespitzter formuliert: während kosmopolitische Diplomaten durch galantes Auftreten die Völker miteinander versöhnen, verkaufen schmierige PR-Profis mit halbseidenen Maßnahmen selbst Eskimos[1] noch Kühlschränke. Diese emotional aufgeladenen Abgrenzungsversuche, die mitunter an den Haaren herbeigezogen sind, werden noch verbissener geführt, wenn es darum geht, Public Diplomacy von Propaganda abzugrenzen.

3.2 Public Diplomacy und Propaganda

Die mit Abstand am heftigsten geführte konzeptionelle Debatte beschäftigt sich mit der Unterscheidung von Public Diplomacy und Propaganda.

Bis zu Beginn des 20. Jahrhunderts wurde Propaganda mehrheitlich neutral als die Verbreitung von Ideen oder Informationen verstanden, mithin als strategische Kommunikation politischer Akteure. Im internationalen Kontext wurde Propaganda damals noch als „weitgehend legitimes Instrument der auswärtigen staatlichen Beziehungspflege angesehen" (Fähnrich 2013, S. 70). Aufgrund der Erfahrungen mit der Propaganda des „Dritten Reichs" und der kommunistischen Diktaturen während des Kalten Kriegs ist Propaganda heute ein negativ konnotierter, abwertend gebrauchter Begriff. Diese Sichtweise ist vor allem im deutschsprachigen Raum in Wissenschaft und Öffentlichkeit dominierend, aber auch im englisch Sprachraum hat der Begriff mehrheitlich eine pejorative Konnotation.[2]

---

[1]Die Bezeichnung Eskimo wird gelegentlich als diskriminierend empfunden, obwohl die Wortbedeutung „Rohfleischesser" inzwischen als sprachwissenschaftlich widerlegt gilt. Als Ausweichbezeichnung (im Plural) wurde Inuit vorgeschlagen; diese bezieht sich jedoch nur auf einen Teil der Völkergruppe im nördlichen Polargebiet.

[2]Dennoch sei an dieser Stelle darauf hingewiesen, dass einige namhafte Wissenschaftler die pejorative Konnotation kritisch betrachten. So weisen Jowett und O'Donnell (2019, S. 2) in ihrem Standardwerk *Propaganda & Persuasion* darauf hin „Propaganda, in the most neutral sense, means to disseminate or promote particular ideas" und dass es ihrer Ansicht nach notwendig ist, Propaganda wertfrei zu betrachten. Dieses neutrale Verständnis findet sich u. a. auch bei Taylor (2003) und Rawnsley (2000).

Propaganda kann somit in Anlehnung an Bentele (2015, S. 1146) als „einseitige, beschönigende oder verzerrte Kommunikation" verstanden werden. Heutzutage wird Propaganda

> meist als unidirektionale, persuasive Kommunikation definiert, die wahrheitsgemäße Information unterordnet oder bewusst ausgeklammert, die in der Regel mit einfachen Kommunikationsmitteln (starke Durchdringung, häufige Wiederholungen, einfache Stereotype, klare Wertungen, Vermischung von Information und Meinung), häufig emotionalisiert und mit Feindbildern arbeitet und zu ihrer vollen Entfaltung nur innerhalb einer zentralisierten, nicht-demokratischen Öffentlichkeitsstruktur kommt, d. h. in Systemen, deren Mediensystem staatlich abhängig bzw. gelenkt ist (ebd.).

Wenn diese Definition zugrunde gelegt wird, ist es wenig überraschend, dass Public Diplomacy-Praktiker mit dieser Art von Kommunikation nichts zu tun haben wollen. Und auch in der Wissenschaft wird diskutiert, inwiefern von Regierungen initiierte oder finanzierte Kommunikationsmaßnahmen „manipulative Propaganda" oder „zulässige Public Diplomacy" sind (Zaharna 2004, S. 219).

Während einige Wissenschaftler Public Diplomacy und Propaganda gleichsetzen oder die Begriffe synonym verwenden (Kunczik 1990; Manheim 1994; Berridge 2010), lehnen die meisten Wissenschaftler diese Gleichsetzung ab, beziehungsweise wehren sich „vehement gegen die Auffassung, es handele sich [bei Public Diplomacy] lediglich um einen unbelasteten ,moderneren' Begriff für Propaganda" (Ostrowski 2010, S. 22).

Auch wenn Kunczik (1989, S. 166, zitiert in Ostrowski 2010, S. 47) schreibt, dass „alle Versuche, Werbung, PR und Propaganda unterscheiden zu wollen, lediglich semantische Spielerein" sind, lassen sich aus der Literatur wenigstens drei Erklärungsansätze destillieren, die mehr oder weniger überzeugend versuchen zu klären, warum Public Diplomacy eben keine Propaganda ist.

Als ein Unterscheidungsmerkmal wird die Art der Kommunikation genannt. Für Melissen (2005) besteht der fundamentale Unterschied darin, dass Propaganda eine einseitige Form von Kommunikation ist, eine kommunikative Einbahnstraße sozusagen. Der Sender setzt seine Botschaften ab, ohne die Empfänger in den Kommunikationsprozess einzubeziehen. Im Gegensatz dazu ist Public Diplomacy eine „Zweibahnstraße", es geht um Dialog und darum, den Empfängern zuzuhören. In seinen Worten: „public diplomacy is similar to propaganda in that it tries to persuade people what to think, but it is fundamentally different from it in the sense that public diplomacy also listens to what people have to say" (Melissen 2005, S. 18).

Ein zweites Unterscheidungsmerkmal betrifft die Glaubwürdigkeit der jeweiligen Kommunikation. So erklärt Joseph Nye (2004), dass es Propaganda an Glaubwürdigkeit mangele, weswegen diese – anders als Public Diplomacy – kontraproduktiv sei.

Andere argumentieren ähnlich und verweisen darauf, dass Public Diplomacy mit „bekannten Fakten" arbeitet während Propaganda auf einer „Mischung aus Fakten und Unwahrheiten" beruht (Wolf und Rosen 2004, S. 3).

Der Hinweis darauf, dass Propaganda anders als Public Diplomacy mit Unwahrheiten arbeitet, deutet einen dritten Unterschied zwischen beiden Konzepten an, nämlich die ethisch-moralische Dimension. Während Propaganda als moralisch bedenkliche Kommunikationsform abgelehnt wird, wird Public Diplomacy als ethisch unbedenkliche Form öffentlicher auf Persuasion gerichtete Kommunikation betrachtet.

Die Abgrenzungsversuche zwischen Public Diplomacy und Propaganda sind ganz ähnlich wie die Versuche, Public Relations gegenüber Propaganda in Schutz zu nehmen. Fröhlich (2015, S. 115) beschreibt diese Versuche sehr anschaulich und wenn man in ihren Ausführungen Public Relations durch Public Diplomacy ersetzt, kommt man dieser Debatte sehr nahe. Ganz so wie es Fröhlich für die Abgrenzung Public Relations-Propaganda feststellt, ist es auch im Falle von Public Diplomacy so, dass in Abgrenzung zu Propaganda ein „normativer und idealisierender Charakter" von Public Diplomacy dominiert. Das trifft unter anderem auf die Behauptung zu, es gäbe zwischen Public Diplomacy und Propaganda „einen deutlichen Unterschied im Anspruch an Wahrheit und Wahrhaftigkeit." Ganz so wie in der PR-Literatur gibt es auch in der Public Diplomacy-Literatur Versuche, Public Diplomacy „als ‚informationsbetont' und Propaganda als ‚meinungs-' und/oder ‚ideologiebetont' charakterisieren" (Fröhlich 2015, S. 115). Schließlich gibt es gleichlautende Argumente dergestalt, dass die Ziele von Public Relations bzw. Public Diplomacy darin bestehen, zu „überzeugen" während es bei Propaganda darum gehe zu „manipulieren" (ebd.).

Im Zusammenhang mit Public Diplomacy lässt sich festhalten, dass diese normative Unterscheidung mitunter ideologisch grundiert ist. Dies wird deutlich, wenn unterstellt wird, dass Propaganda nur von „den Anderen" gemacht wird, während „wir" Public Diplomacy betreiben. Laut Gilboa (1998) unterscheiden Offizielle mitunter zwischen zivilisierter Überzeugung (also Public Diplomacy) einerseits und Verfälschung, Halbwahrheiten, Andeutungen und Anspielungen (also Propaganda) andererseits.

Diese Abgrenzungsversuche haben ihren Ursprung im Kalten Krieg, als die USA versuchten, ihre international ausgerichtete Kommunikation von der der damaligen Sowjetunion abzugrenzen: „Americans would do public diplomacy and the communists were left peddling propaganda" (Cull 2008b, S. 18).

Dieses Vorgehen, welches sehr viel weniger auf praktische kommunikative Unterscheidungen abzielt sondern auf normativ-ideologische Bestrebungen, lässt sich auch heutzutage erkennen, wenn die globalen Kommunikationsmaßnahmen Russlands oder Chinas umstandslos als Propaganda bezeichnet werden.

3.3 Public Diplomacy, Soft Power und Nation Branding

Public Diplomacy wird darüber hinaus oftmals im Zusammenhang mit Soft Power diskutiert. Soft Power (weiche Macht) ist ein politikwissenschaftlicher Begriff, der von Joseph Nye (2004) geprägt wurde. Gemäß Nye ist Soft Power die Fähigkeit, in den internationalen Beziehungen das zu erreichen was ein Staat will durch Anziehungskraft und nicht durch Zwang oder finanzielle Mittel. Diese Anziehungskraft basiert auf der Kultur, den politischen Wertorientierungen und dem politischen Handeln (besonders in der Außenpolitik) eines Landes. Zwang – meist in militärischer Form – oder wirtschaftliche Anreize sind für Nye die Grundlage von Hard Power, dem Gegenstück zur Soft Power.

Während Soft Power als Konzept durchaus umstritten ist, wird der Zusammenhang zwischen Soft Power und Public Diplomacy übereinstimmend dergestalt beschrieben, dass Public Diplomacy das Instrument zur Aktivierung von Soft Power ist (Nye 2004; Melissen 2005).

Während Soft Power das Thema der internationalen strategischen Kommunikation von Staaten aus politikwissenschaftlicher Sicht betrachtet, beschäftigen sich auch die Wirtschaftswissenschaften, hier vor allem die Marketinglehre, unter dem Stichwort Nation Branding mit dieser Form von Kommunikation (Fähnrich 2013; Dolea 2015). Wie bei den bisher skizzierten Begriffen ist auch der Diskurs zu Nation Branding breit gefächert (Anholt 2007; Aronczyk 2013; Kavena 2011).

Nation Branding beschreibt die Prozesse eines Staates, sich als Marke zu etablieren bzw. zu verkaufen. Im Rahmen der Markengestaltung werden Charakteristika und Besonderheiten eines Staates hervorgehoben und visuell mittels Logos und verbal mittels Markennamen und Slogans kommuniziert. Ziel dieser Maßnahmen ist die Schaffung eines positiven Images, um so unter anderem die Exportwirtschaft anzukurbeln, ausländische Direktinvestitionen anzuziehen und die heimische Tourismusindustrie zu unterstützen – es geht also darum, einen Wettbewerbsvorteil gegenüber Mitbewerbern im globalen Kampf um Aufmerksamkeit zu erringen (Ostrowski 2010; Fähnrich 2013). Schlussendlich geht es darum, sich durch einen einheitlichen Auftritt nach außen positiv von anderen Staaten abzuheben. Allerdings merken Kritiker an, dass eben durch den Versuch sich durch die Schaffung von Nationen-Marken voneinander abzugrenzen, das Gegenteil geschieht: Staaten werden immer weniger unterscheidbar, indem sich beispielsweise zahlreiche Staaten als exotisches Tourismusziel verkaufen wollen (Edwards und Ramamurthy 2017).

Zwei weitere grundsätzliche Kritikpunkte ergeben sich daraus, dass beim Nation Branding versucht wird, aus Staaten Marken zu machen. Dieser Ansatz wird vor allem von „linken Wissenschaftlern" abgelehnt, die mitunter zu regelrechter „Verachtung für das ganze Gerede über Branding und Marketing" neigen (Desatova 2018, S. 5). Einerseits entzündet sich die Kritik an der neoliberalen Annahme wonach die Welt heutzutage ein globaler Marktplatz sei, auf dem unterschiedliche Akteure nicht nur um politische Macht, sondern auch um wirtschaftliche Interessen ringen. Somit wird Nation Branding als eine vordergründig apolitische, von der Geschäftswelt abgeleitete, Praxis verstanden, die nur darauf abzielt, Wettbewerbsvorteile für einen Staat auf eben diesem globalen Marktplatz zu generieren (Dolea 2015; Desatova 2018). Nation Branding gilt manchen in diesem Zusammenhang als Motor des Neoliberalismus, der nationale Identitäten in vermarktbare Ware umwandelt (Jansen 2008). Diese Denkschule unterstellt dem Konzept in erster Linie die ökonomische Logik des Kapitalismus, weswegen es infrage gestellt oder gar abgelehnt wird (Varga 2013).

Eng damit verbunden ist die Kritik daran, wie Nation Branding mit nationaler und kultureller Identität an sich umgeht. Stimmen aus den Cultural Studies kritisieren, dass Nation Branding die Vielfalt eines Staates nicht abbilden könne (Kaneva 2011). Um ein Land zu einer Marke zu machen, sind drastische Simplifizierungen notwendig, die zu klischeehaften und stereotypen Darstellungen von Land, Leuten und Kultur führen. Der durchaus kritikwürdige Knackpunkt hierbei: Marken müssen einfach, eingänglich und gleichzeitig flexibel und für ganz unterschiedliche Zielgruppen anschlussfähig zu sein; Staaten allerdings sind grundsätzlich komplex und alles andere als einfach zu beschreiben (Desatova 2018).

Bleibt die Frage, in welchem Zusammenhang Public Diplomacy und Nation Branding stehen. Aufgrund der unterschiedlichen Definitionen gibt es auch hier keine eindeutigen Aussagen. Während einige Stimmen sagen, dass beide Konzepte gar nichts miteinander zu tun haben, wird teilweise die Meinung vertreten, dass Nation Branding und Public Diplomacy ein und dasselbe sind und die Begriffe synonym verwendet werden könnten. Zudem gibt es auch Ansätze, die sowohl Unterschiede als auch Gemeinsamkeiten erkennen (Szondi 2008).

So ist beispielsweise für Melissen (2005) Nation Branding das sehr viel ambitioniertere Konzept als Public Diplomacy, da es viel mehr Ressourcen benötigt als diese, da sich Public Diplomacy nur an kulturelle und politische Eliten im Gastland richte. Nichtsdestotrotz sei beiden Konzepten gemein, dass es ihnen um die Schaffung positiver Images geht. Diesen Unterschied greift Szondi (2008) auf und argumentiert, dass Nation Branding „öffentlicher" als Public Diplomacy sei, da sich Nation Branding potenziell an die Gesamtöffentlichkeit eines anderen Landes richte während sich Public Diplomacy auf bestimmte Zielgruppen beschränke.

Ein weiterer Unterschied wird in der Art der Kommunikation gesehen: während Public Diplomacy – idealerweise – den Dialog betont und einen Austausch zwischen Sender und Empfänger initiiert, handelt es sich bei Nation Branding, ähnlich wie bei Propaganda, um eine Ein-Weg-Kommunikation, bei der der Sender Kontrolle über eine meist einfache und konzise Botschaft hat.

Zudem ist Nation Branding sehr viel sichtbarer und durch plakative Slogans, Plakate oder Videos einfacher wahrnehmbar für Zielgruppen. Die Zielgruppe erkennt bei Nation Branding ganz klar, dass sie das Ziel einer solchen Kampagne ist. Public Diplomacy kann demgegenüber eine sehr viel subtilere Maßnahme sein, die auf Verhaltensweisen des Publikums abzielt.

Schließlich gibt es Stimmen, vor allem aus der Praxis, die beide Konzepte gleichsetzen mit der Begründung, dass beide identische Aktivitäten mit identischen Zielen beschreiben: nämlich Werbung für Staaten zu betreiben, um diese global möglichst positiv darzustellen (Szondi 2008). Insgesamt scheint Ostrowskis (2010) Argument, wonach Nation Branding eine Komponente von Public Diplomacy ist, recht überzeugend.

3.4 Public Diplomacy und Auswärtige Kultur- und Bildungspolitik

Die begriffliche Komplexität wird im deutschen Sprachraum komplettiert durch das Konzept der Auswärtigen Kultur- und Bildungspolitik – so bezeichnet das Auswärtige Amt offiziell die dritte Säule der deutschen Außenpolitik (neben Wirtschaftspolitik und klassischer Diplomatie). Auch wenn dieser Begriff mitunter in der Wissenschaft verwendet wird (z. B. Violet 2016), so hat sich Auswärtige Kulturpolitik als Fachbegriff etabliert (z. B. Maaß 2015).[3]

Wenn man beispielsweise Culls (2008a) Komponenten (Zuhören, Interessenvertretung, Kulturdiplomatie, Austausch, internationaler Rundfunk) zurate zieht, liegt es nahe, Auswärtige Kulturpolitik als Kulturdiplomatie und somit als

---

[3]Eine von Wolfgang Schneider bei Springer VS herausgegebene Buchreihe heißt „Auswärtige Kulturpolitik". Im deutschen Diskurs findet sich zudem selten auch der Begriff „Außenkulturpolitik" (exemplarisch Schreiner 2011).

einen Bestandteil von Public Diplomacy zu verstehen (z. B. Ostrowski 2010; Schumacher 2015).

Wenn man sich jedoch etwas genauer mit den aktuellen Entwicklungen innerhalb des Auswärtigen Amtes – welches traditionell federführend in diesem Bereich ist – beschäftigt, erscheint die Fokussierung auf Kulturdiplomatie nicht mehr ganz so eindeutig. Bereits 2003 übernahm das Auswärtige Amt die Auslandsabteilung des Presse- und Informationsamtes der Bundesregierung und „ermöglicht damit den Schritt zu einer professionelle deutschen Public Diplomacy" (Maaß 2016).

Der 20. Bericht der Bundesregierung zur Auswärtigen Kultur- und Bildungspolitik (Auswärtiges Amt 2016) beschreibt deren Kernanliegen wie folgt: den Zugang zu Kultur und Bildung weltweit zu verbessern und so vorpolitische Freiräume für Dialog und Diskurs, für Kreativität und Verständigung zu schaffen. Dafür soll AKBP zu verbesserter kultureller Infrastruktur beitragen und weltweit politische Unterstützung leisten, um den interkulturellen Austausch zu ermöglichen.

Dazu arbeitet die Bundesregierung in folgenden Teilbereichen mit jeweils zentralen Mittlerorganisationen zusammen: 1) Kultur und Sprache (Goethe-Institut, Institut für Auslandsbeziehungen u. a.), 2) Bildung und Wissenschaft (DAAD, Alexander von Humboldt-Stiftung, Zentralstelle für das Auslandsschulwesen, Pädagogischer Austauschdienst u. a.), 3) Kommunikation & Medien (Deutsche Welle, DW Akademie) (Anheier 2017).

Diese Auflistung verdeutlicht, dass Auswärtige Kulturpolitik heute in der Praxis dem sehr nahekommt, was Cull (2008a) als Public Diplomacy beschreibt. Dies liegt auch daran, dass sich die Ziele dieser Politik immer wieder verändert haben. Während es bis vor wenigen Jahren vor allem um interkulturellen Austausch, Dialog, Krisenprävention und Demokratievermittlung ging (Violet 2016), werden in jüngster Zeit außerdem auch klassische kommunikative Aspekte wieder wichtiger.

Deutlich wurde dies im Sommer 2016, als in der Abteilung für Kultur und Kommunikation des Auswärtigen Amtes ein Bereich für Strategische Kommunikation geschaffen wurde[4]. Die Aufgabe dieses Bereiches besteht darin, „deutsche Außenpolitik sowohl im Inland als auch im Ausland einer möglichst breiten

---

[4]Dem Beauftragten für Strategische Kommunikation (derzeit Andreas Kindl) unterstehen die Referate 607 (Steuerungsgruppe strategische Kommunikation), 608 (Auslandskommunikation: Deutschlandbild im Ausland) und 611 (Bürgerdialog und Öffentlichkeitsarbeit Inland: Außenpolitik in Deutschland).

Öffentlichkeit zu vermitteln und die Erwartungen, die an Deutschland gerichtet sind, besser zu verstehen" (AA 2016, S. 19).

Eine wichtige Säule der Strategischen Kommunikation „ist die Förderung eines realistischen und vielfältigen Deutschlandbildes im Ausland", um so „Interessen und Sympathien für Deutschland zu wecken" (AA 2016, S. 21). Während man diese Sympathiewerbung als eine klassische Aufgabe verstehen kann, beschäftigt sich der Bereich Strategische Kommunikation zunehmend auch mit kommunikativen Aufgaben, die eine sehr viel klarere politische Dimension haben.

Denn, so stellt es das Auswärtige Amt im 20. AKBP-Bericht klar, eine der „wichtigsten Tätigkeitsfelder der Strategischen Kommunikation ist die Auslandskommunikation zu Flucht und Migration" (AA 2016, S. 19). Das prominenteste Beispiel dieser Kommunikation ist die Kampagne *Rumours about Germany,* mit der vor Schleusern und deren bewusst gestreuten Falschdarstellungen im Internet gewarnt wird (siehe Abschn. 2.1.1).

Zudem soll die Abteilung ganz prinzipiell „gezielten Desinformationen in Medien und Internet verlässliche Fakten" entgegenzusetzen (AA 2018). Deutschland sieht sich, wie andere liberale Demokratien, einem „Wettbewerb der Narrative" ausgesetzt, da autoritäre Staaten wie Russland und China im Ringen um Weltbilder und Ordnungsmuster massiv in Medien und Kultureinrichtungen im Ausland investieren (Monath 2018).

In Hinblick auf seine strategischen Kommunikationsmaßnahmen betont das Auswärtige Amt selbst: „Das ist weder Propaganda noch Werbesendung. Im Gegenteil: Es ist der Versuch, verlässliche Informationen nachhaltig zu vermitteln, um vor allem im digitalen Raum mit den eigenen außenpolitische Werten und Interessen sichtbar zu bleiben und um dort noch stärker mit der eigenen Position durchzudringen" (AA 2018). Einem Journalisten, der anfragte, ob es sich nicht vielleicht doch um Propaganda handele, antwortet das Amt wie folgt: „Es geht im Umgang mit Fake News und Propaganda in der Auslandskommunikation darum, Desinformation zu korrigieren [und] eigene, positive Narrative zu entwickeln", das Ziel sei „nicht (Gegen)-Propaganda, sondern die Vermittlung objektiver Fakten" (Schreyer 2018).

Noch resoluter ist in der Hinsicht Olaf Zimmermann, der Geschäftsführer des Deutschen Kulturrates, dem Spitzenverband der deutschen Kulturverbände. Anlässlich einer Buchveröffentlichung stellt Zimmermann im Brustton der Überzeugung fest „Auswärtige Kultur- und Bildungspolitik hat nichts mit Propaganda zu tun, sondern setzt auf Dialog" (Kulturrat 2018).

Auch wenn aufgrund der deutschen Geschichte der Impuls nachvollziehbar ist, sich dagegen zu wehren, dass Auswärtige Kultur- und Bildungspolitik mit Propaganda gleichgesetzt wird, so verwundert doch die Absolutheit, mit welcher der Propagandavorwurf zurückgewiesen wird. Und auch die Hinweise des Auswärtigen Amtes auf „eigene, positive Narrative" und „objektive Fakten" verdeutlichen den bereits beschriebenen mitunter krampfhaften Versuch, „unsere" kommunikativen Maßnahmen als notwendig und gerechtfertigt zu beschreiben und „deren" Maßnahmen als Propaganda und Desinformation zu kritisieren (Abschn. 3.2).

Forschungssituation und Forschungslücken   4

Der abschließende Teil skizziert die Forschungssituation hinsichtlich Public Diplomacy im deutschsprachigen Raum und beschreibt im Anschluss daran einige Forschungslücken, die gleichzeitig potenzielle Ideen für die weitere Beschäftigung mit diesem interdisziplinären Forschungsfeld bieten können.

4.1 Forschung und Lehre im deutschsprachigen Raum

Die Feststellung Auers (2017, S. 1), wonach Public Diplomacy von der deutschsprachigen Kommunikationswissenschaft „weitgehend ignoriert" wird, lässt sich ebenso auf die Politikwissenschaft ausdehnen. Zwar findet eine Auseinandersetzung in beiden Disziplinen statt, aber diese ist nicht vergleichbar mit anderen Ländern. Wenn im deutschen Sprachraum zu Public Diplomacy gearbeitet wird, dann scheint dies vor allem aufgrund persönlicher Interessen einzelner Professorinnen und Professoren zu geschehen, die an ihren Lehrstühlen/Instituten Abschlussarbeiten oder Promotionen zu dem Thema betreuen.[1]

So entstanden beispielsweise am Lehrstuhl für internationale Politik und Außenpolitik der Universität zu Köln unter Lehrstuhlinhaber Thomas Jäger einige Publikationen, die Public Diplomacy im deutschsprachigen Raum wissenschaftlich bekannt gemacht haben (Ostrowski 2010; Jäger und Viehrig 2008;

---

[1]Die folgenden Angaben erheben keinerlei Anspruch auf Vollständigkeit, sondern dienen lediglich der Illustration der nach wie vor überschaubaren Beschäftigung mit dem Thema.

© Springer Fachmedien Wiesbaden GmbH, ein Teil von Springer Nature 2019   25
F. Hartig, *Public Diplomacy,* essentials,
https://doi.org/10.1007/978-3-658-25467-4_4

Viehrig und Teschner 2007). Eine institutionalisierte politikwissenschaftliche Beschäftigung findet meines Wissens bisher nicht statt.

Aus kommunikationswissenschaftlicher Sicht sind vor allem die TU Ilmenau und die Universität Freiburg in der Schweiz zu nennen. In Ilmenau wird im Fachgebiet Medienwissenschaft unter Fachgebietsleiter Martin Löffelholz zu Themen der politischen Kommunikation und Public Diplomacy geforscht und gelehrt[2]. In Ilmenau entstanden beispielsweise Auers Dissertation zur „Theorie der Public Diplomacy" (2017) sowie ein englischsprachiger Überblick zur deutschen Public Diplomacy (Auer und Srugies 2013). In Freiburg beschäftigt sich der Forschungsbereich Organisationskommunikation und Strategisches Kommunikationsmanagement von Diana Ingenhoff mit Themen der internationalen PR-Forschung, Unternehmenskommunikation und Public Diplomacy. Dabei stehen aktuell vor allem Aspekte von Länderimages (Buhmann 2016) sowie Zusammenhänge zwischen Länderimages und Unternehmensreputation im Mittelpunkt. Zudem hat Ingenhoff 2016 die Public Diplomacy Interest Group der International Communication Association mitgegründet.

Unterrichtet wird Public Diplomacy zeitweise auch am Institut für Publizistik- und Kommunikationswissenschaft der FU Berlin, konkret durch die Arbeitsstelle Internationale Kommunikation von Carola Richter[3] und die Arbeitsstelle Organisationskommunikation von Juliana Raupp. An der LMU in München wird Public Diplomacy mitunter im Masterstudiengang Internationale Public Relations thematisiert und am Lehrstuhl von Romy Fröhlich werden Abschlussarbeiten zum Thema Public Diplomacy angeboten. Aus kommunikationswissenschaftlicher Sicht sei hier schließlich Oliver Zöllner genannt, der Kurse zu Public Diplomacy und Nation Branding an der Hochschule der Medien in Stuttgart sowie an der Heinrich-Heine-Universität Düsseldorf unterrichtet und einer der ersten deutschen Wissenschaftler war, der sich auf Englisch mit der deutschen Public Diplomacy beschäftigt hat (Zöllner 2006, 2009).

Darüber hinaus wird das Thema vereinzelt auch in anderen Disziplinen aufgegriffen. So beschäftigt sich Jessica Gienow-Hecht an der FU Berlin mit Public Diplomacy, Nation Branding und Cultural Diplomacy hauptsächlich aus historischer Perspektive (Viktorin et al. 2018; Gienow-Hecht und Donfried 2010; Gienow-Hecht 2009). Und auch in der Amerikanistik und Musikwissenschaft wird Public Diplomacy gelegentlich thematisiert (Dunkel und Nitzsche 2018).

---

[2]Aus Gründen der Transparenz sei darauf hingewiesen, dass der Autor in Ilmenau einen Kurs zu Public Diplomacy unterrichtet hat.

[3]Auch hier hat der Autor einen Public Diplomacy-Kurs angeboten.

4.2 Forschungslücken und künftige Forschungsthemen

Das Forschungsfeld Public Diplomacy steckt in Deutschland noch in den Kinderschuhen, aber auch international handelt es sich nach wie vor um ein vergleichsweise junges Forschungsgebiet (Auer et al. 2015). Wenn hier abschließend exemplarisch einige Forschungslücken identifiziert werden, wird allerdings keine Unterscheidung vorgenommen zwischen deutschsprachiger Forschung und Forschung in anderen Weltregionen. Zudem wird anerkannt, dass eine solche Benennung von Forschungslücken immer auch subjektiv ist und schließlich davon abhängt, wie Public Diplomacy definiert wird.

Wenn man Public Diplomacy als möglichst eigenständige Forschungsdisziplin versteht, kann man ein Theoriedefizit konstatieren; wer Public Diplomacy als einen Teilbereich anderer Disziplinen wie der PR-Wissenschaft versteht, dem erscheint eine „Theorie der Public Diplomacy" (Auer 2017) weniger notwendig. Wenn weiterhin unterstellt wird, dass „auch Privatpersonen Public Diplomats sein können", dann stellt sich in der Tat die Frage, inwieweit diese „Public Diplomats in die Public Diplomacy Strategie" einzelner Länder integriert werden (Auer 2017, S. 468). Wenn man allerdings dieses sehr weitgefasste Akteursverständnis ablehnt, da dies potenziell jeden Urlauber zu einem Public Diplomat machen würde, dann wäre dies kein künftiges Forschungsthema.[4] Durchaus ein Forschungsthema wäre das Verhältnis von Public Diplomacy und Regierungskommunikation, welches bisher erstaunlicherweise nicht behandelt wird (Raupp et al. 2018), obwohl es doch naheliegend ist.

Wie der vorliegende Band verdeutlicht, handelt es sich bei Public Diplomacy um ein inter- und multidisziplinäres Forschungsfeld. Es wird geprägt von historischen Arbeiten (z. B. zur Public Diplomacy der USA nach dem Zweiten Weltkrieg), Fallstudien zu einzelnen Instrumenten wie Auslandsfunk und sozialen Medien sowie von Untersuchgen der Public Diplomacy einzelner Staaten wie den USA, Großbritanniens und in jüngster Zeit Staaten wie China und Russland. Diese länderspezifischen Fallstudien sollten keinesfalls aufgrund möglicher (kommunikationswissenschaftlicher) Theoriearmut geringgeschätzt werden, denn nur mit länderspezifischer Expertise kann die Public Diplomacy eines Staates erfasst werden. Daher sind Fallstudien zu afrikanischen oder südamerikanischen

---

[4]Damit wird keinesfalls in Abrede gestellt werden, dass Touristen im Ausland das Image ihres Heimatlandes prägen, dies tun sie selbstverständlich.

Ländern denkbar, wobei unter anderem der Frage nachgegangen werden könnte, ob es der verstärkte Einsatz sozialer Medien (Digital Diplomacy) nun auch ärmeren Staaten ermöglicht, sich globalen Öffentlichkeiten leichter und besser zu präsentieren. Denn dass es einfacher und günstiger ist, einen Twitter-Account oder eine Facebook-Seite zu betreiben als einen Auslandssender oder Kulturinstitute im Ausland zu unterhalten, liegt auf der Hand.

Während Nachrichtenmedien wie die Deutsche Welle als Public Diplomacy-Instrumente wissenschaftlich bereits recht gut analysiert sind, werden fiktionale und unterhaltende Medienformate bisher als Instrumente noch kaum untersucht (Auer 2017; Flew 2016).

Zudem könnte untersucht werden, ob Public Diplomacy erfolgreich sein kann, wenn potenziell globale Zielgruppen mit identischen Instrumenten und Botschaften angesprochen werden. Was Öffentlichkeiten in Westeuropa anspricht, muss keineswegs in Südamerika funktionieren. So könnte beispielsweise untersucht werden, ob und ggfs. wie Mikrotargeting auf Public Diplomacy angewendet werden kann. Beim Mikrotargeting wird die Bevölkerung in einzelne demografische, religiöse, politische und viele weitere Zielgruppen eingeteilt und Kommunikationsstrategen stimmen ihre Botschaften zur Erreichung bestimmter Kommunikationsziele auf die unterschiedlichen Bedürfnisse der einzelnen Zielgruppen ab.

Die Frage nach dem Erfolg von Public Diplomacy zielt auf die größte Forschungslücke: bisher wird kaum untersucht, ob Public Diplomacy treibende Akteure ihre Ziele erreichen. Diese Frage rückt die Wirkungs- und Publikumsforschung in den Fokus der Public Diplomacy-Forschung. Dass Erfolgskontrolle und Evaluation bei Public Diplomacy wichtig sind, steht grundsätzlich außer Frage (Banks 2011; Fähnrich 2013; Pamment 2014). Dass Erfolgskontrolle und Evaluierung von Public Diplomacy-Maßnahmen durchaus schwierig ist, steht ebenfalls außer Frage. So argumentieren Praktiker mitunter, dass man die Wirkung von Public Diplomacy erst nach Jahren, womöglich Jahrzehnten, wirklich erkennen und somit kaum messen kann (Fähnrich 2013; Hartig 2016; Auer 2017). Inwiefern dieser Einwand auch als Ausrede genutzt wird, um sich nicht mit möglichen Misserfolgen auseinandersetzen zu müssen, wäre eine überaus spannende aber wohl schwer zu beantwortende Frage.

Nichtsdestotrotz steht es außer Frage, dass Evaluation notwendig ist. Denn einerseits wird Public Diplomacy meist direkt oder indirekt durch Steuergelder finanziert, womit sich eine grundsätzliche Rechtfertigungspflicht gegenüber der steuerzahlenden Bevölkerung ergibt; andererseits ist Evaluation notwendig, um Erfolge und Misserfolge zu erkennen.

Hier kann die Public Diplomacy-Forschung unter anderem von der PR-Forschung profitieren, in der Evaluation (Bentele et al. 2015) und Kommunikations-Controlling (Zerfaß 2015) schon längere Zeit eine wichtige Rolle spielen.

Notwendig ist hier allerdings ein methodischer Hinweis: wenn Public Diplomacy-Maßnahmen evaluiert werden, egal ob in der Praxis oder der Wissenschaft, dann geschieht dies meist mit quantitativen Methoden. So werden in der Praxis beispielsweise Besucherzahlen von Kulturveranstaltungen erhoben oder Webseitenbesuche gezählt. Die Wissenschaft versucht mithilfe von Indices oder Rankings wie dem Nation Brands Index, dem Country Ratings Poll der BBC oder diversen Soft Power Rankings quantitativ zu bestimmen, welches Land das beste Image hat oder wessen Kultur am attraktivsten erscheint.

Ohne die disziplinären Debatten und Kontroversen hinsichtlich qualitativer und quantitativer Methoden zu vertiefen, können quantitative Methoden als kommunikationswissenschaftlicher Mainstream beschrieben werden (Meyen et al. 2011) weswegen sie auch in der Public Diplomacy-Forschung Anwendung finden (Buhmann 2016).

Während diese quantitativen Methoden wichtig und notwendig sind, so müssten sie meiner Ansicht nach durch qualitative Methoden ergänzt und erweitert werden, um einigermaßen aussagekräftige Aussagen über Public Diplomacy-Wirkungen zu generieren. Die intensivere Nutzung qualitativer Methoden, für die seit einiger Zeit verstärkt im Bereich der politischen Kommunikation plädiert wird (Karpf et al. 2015), bedeutet schlussendlich, dass „Sozialwissenschaftler mit den Menschen, die sie beforschen, sprechen und Zeit verbringen müssen" (Nielsen 2016).

Während Auer (2017) dafür plädiert, das Handeln von Public Diplomacy-Akteuren mit qualitativen Methoden zu untersuchen, sollte das Plädoyer für qualitative Methoden noch viel stärker und umfangreicher für die Wirkungs- und Publikumsforschung im Kontext von Public Diplomacy gelten. Denn das Wissen darum, wie viele Menschen eine Kulturveranstaltung besuchen, sagt nichts darüber aus, ob und inwiefern dieser Besuch eine Wirkung erzielt hat. Natürlich ist es naheliegend, dass der einmalige Besuch einer Kulturveranstaltung in einem Goethe-Institut irgendwo auf der Welt das Deutschlandbild des Publikums nicht grundlegend ändern wird; aber um genau dies zu erfahren, sind qualitative Methoden notwendig. Je nach Public Diplomacy-Instrument oder -Verfahren sind biografische Methoden, qualitative Leitfadeninterviews oder teilnehmende Beobachtungen denkbar. Denn wie Nielsen (2016) sein Plädoyer für mehr qualitative Methoden treffend überschrieben hat: „Ein Schreibtisch ist ein gefährlicher Platz, um die Welt zu betrachten".

Mit solchen Methoden könnten dann auch Misserfolge von Public Diplomacy herausgearbeitet werden. So kann es beispielsweise durchaus sein, dass Stipendien als Public Diplomacy-Instrument auch negativ wirken können, wenn sie zwar den Aufenthalt im Gastland ermöglichen, sich der Stipendiat aber vor Ort nicht wohlfühlt. In einem solchen Fall wird der eigentlich positive Umstand, dass ein Land ein Stipendium zur Verfügung stellt, sehr wahrscheinlich die negativen Erfahrungen vor Ort nicht ausgleichen können. Solche Erfahrungen, so steht zu vermuten, lassen sich vor allem mithilfe qualitativer Befragungen herausarbeiten.

Zu guter Letzt sei daran erinnert, dass Public Diplomacy ein Instrument der Außenpolitik ist und sich daher im Zuge außenpolitischer Entwicklungen immer wieder verändert. So kann man aktuell unter anderem fragen, ob der Ansatz mittels Public Diplomacy bestimmte Werte zu propagieren, nur auf westlich-liberale Staaten zutrifft, oder ob zum Beispiel China nicht auch in diesem Bereich immer aktiver wird.

Was Sie aus diesem *essential* mitnehmen können

- Public Diplomacy ist ein multi- und interdisziplinärer Forschungsgegenstand, der durch eine Vielzahl von Definitionen und konzeptionellen Unklarheiten gekennzeichnet ist
- Public Diplomacy beschreibt im weitesten Sinne staatliche oder staatlich organisierte Kommunikation mit ausländischen Öffentlichkeiten um bestimmte politische Ziele zu erreichen
- Es bestehen inhaltliche Überschneidungen zu Public Relations, Propaganda, Soft Power, Nation Branding sowie Auswärtiger Kultur- und Bildungspolitik
- Da Public Diplomacy ein vergleichsweise junger Forschungsgegenstand ist, gibt es zahlreiche Forschungslücken, die unter anderem mit qualitativen Methoden geschlossen werden können

© Springer Fachmedien Wiesbaden GmbH, ein Teil von Springer Nature 2019   31
F. Hartig, *Public Diplomacy,* essentials,
https://doi.org/10.1007/978-3-658-25467-4

Literatur

Adam, S., Eschner, B., & Pfetsch, B. (2015). Politische PR. In R. Fröhlich, P. Szyszka, & G. Bentele (Hrsg.), *Handbuch der Public Relations* (S. 1115). Wiesbaden: Springer VS.

Andreas, S., & Bentele, G. (2015). Internationale Public Relations. In R. Fröhlich, P. Szyszka, & G. Bentele (Hrsg.), *Handbuch der Public Relations* (S. 1139). Wiesbaden: Springer VS.

Anheier, H. (2017). *Die Auswärtige Kultur- und Bildungspolitik Deutschlands im internationalen Vergleich.* Berlin: Hertie School of Governance.

Anholt, S. (2007). *Competitive identity: The new brand management for nations, cities and regions.* Basingstoke: Palgrave Macmillan.

Armstrong, M. (2009). www.MountainRunner.us. http://mountainrunner.us/2009/01/public_diplomacy_is_not_public_relations. Zugegriffen: 23. Nov. 2018.

Aronczyk, M. (2013). *Branding the nation: The global business of national identity.* Oxford: Oxford University Press.

Auer, C. (2015). Public Diplomacy: Ein Konzeptualisierungsvorschlag. In R. Fröhlich & T. Koch (Hrsg.), *Politik-PR-Persuasion* (S. 143–167). Wiesbaden: Springer VS.

Auer, C. (2017). *Theorie der Public Diplomacy.* Wiesbaden: Springer VS.

Auer, C., & Srugies, A. (2013). *Public Diplomacy in Germany.* Los Angeles: Figueroa Press.

Auer, C., Srugies, A., & Löffelholz, M. (2015). Schlüsselbegriffe der internationalen Diskussion – Public Diplomacy und Soft Power. In K.-J. Maaß (Hrsg.),*Kultur und Außenpolitik. Handbuch für Wissenschaft und Praxis* (S. 39–46). Baden-Baden: Nomos.

Auswärtiges Amt. (2011). *Auswärtige Kultur- und Bildungspolitik in Zeiten der Globalisierung Partner gewinnen, Werte vermitteln, Interessen vertreten.* Berlin: Auswärtiges Amt.

Auswärtiges Amt. (2016). *20. Bericht der Bundesregierung zur Auswärtigen Kultur- und Bildungspolitik 2016.* Berlin: Auswärtiges Amt.

Auswärtige Amt. (2018). Außenpolitik strategisch kommunizieren. Werte und Interessen gezielter vermitteln. https://www.auswaertiges-amt.de/de/aussenpolitik/themen/-/2089138. Zugegriffen: 19. Dez. 2018.

Banks, R. (2011). *A resource guide to public diplomacy evaluation.* Los Angeles: Figueroa Press.

© Springer Fachmedien Wiesbaden GmbH, ein Teil von Springer Nature 2019

F. Hartig, *Public Diplomacy,* essentials,

https://doi.org/10.1007/978-3-658-25467-4

Bentele, G. (1995). Was ist eigentlich PR? Eine Positionsbestimmung und einige Thesen. *Widerspruch, 28,* 11–26.

Bentele, G. (2015). Propaganda. In R. Fröhlich, P. Szyszka, & G. Bentele (Hrsg.), *Handbuch der Public Relations* (S. 1145–1146). Wiesbaden: Springer VS.

Bentele, G., Nothhaft, H., & Zerfaß, A. (2015). Evaluation, PR-Evaluation. In R. Fröhlich, P. Szyszka, & G. Bentele (Hrsg.), *Handbuch der Public Relations* (S. 1104–1105). Wiesbaden: Springer VS.

Berridge, G. (2010). *Diplomacy. Theory and practice.* Basingstoke: Palgrave Macmillan.

Bjola, C., & Holmes, M. (Hrsg.). (2015). *Digital diplomacy. Theory and practice.* London: Routledge.

Buhmann, A. (2016). *Measuring country image. Theory, method, and effects.* Wiesbaden: Springer VS.

Burkart, R., & Probst, S. (1991). Verständigungsorientierte Öffentlichkeitsarbeit: Eine kommunikationstheoretisch begründete Perspektive. *Publizistik, 30*(4), 56–76.

Clerc, L., Glover, N., & Jordan, P. (Hrsg.). (2015). *Histories of public diplomacy and nation branding in the Nordic and Baltic Countries.* Leiden: Brill.

Copeland, D. (2011). The seven paradoxes of public diplomacy. In A. Fisher & S. Lucas (Hrsg.), *Trials of engagement: The future of US public diplomacy* (S. 183–200). Leiden: Brill.

Cull, N. J. (2008a). Public diplomacy: Taxonomies and histories. *The ANNALS of the American Academy of Political and Social Science, 616*(1), 31–54.

Cull, N. J. (2008b). Public diplomacy: Seven lessons for its future from its past. In J. Welsh & D. Fearn (Hrsg.), *Engagement – Public diplomacy in a globalised world* (S. 17–29). London: Foreign & CommonwealthOffice.

Dasgupta, A. (2011). Making public diplomacy work. *Journal of International Communication, 17*(1), 73–83.

Desatova, P. (2018). Thailand 4.0 and the internal focus of nation branding. *Asian Studies Review, 42*(4), 682–700.

Dolea, E. (2015). The need for critical thinking in country promotion: Public diplomacy, nation branding and public relations. In J. L'Etang, D. McKie, N. Snow, & J. Xifra (Hrsg.), *The Routledge handbook of critical public relations* (S. 274–283). London: Routledge.

Dunkel, M., & Nitzsche, S. (2018). *Popular music and public diplomacy. Transnational and transdisciplinary perspectives.* Bielefeld: transcript.

Edwards, L., & Ramamurthy, A. (2017). (In)credible India? A critical analysis of India's nation branding. *Communication, Culture & Critique, 10*(2), 322–343.

Fähnrich, B. (2013). *Science Diplomacy. Strategische Kommunikation in der Auswärtigen Wissenschaftspolitik.* Wiesbaden: Springer VS.

Femers, S. (2015). Public Relations aus sozialpsychologischer Sicht. In R. Fröhlich, P. Szyszka, & G. Bentele (Hrsg.), *Handbuch der Public Relations* (S. 63–84). Wiesbaden: Springer VS.

Fisher, A. (2013). Standing on the shoulders of giants: Building blocks for a collaborative approach to public diplomacy. In R. S. Zaharna, A. Arsenault, & A. Fisher (Hrsg.), *Relational, networked and collaborative approaches to public diplomacy: The connective mindshift* (S. 209–226). New York: Routledge.

Fitzpatrick, K. R. (2010). *Future of U.S. public diplomacy: An uncertain fate.* Leiden: Brill.

Fitzpatrick, K., Fullerton, J., & Kendrick, A. (2013). Public relations and public diplomacy: Conceptual and practical connections. *Public Relations Journal, 7*(4), 1–21.

Flew, T. (2016). Entertainment media, cultural power, and post-globalization: The case of China's international media expansion and the discourse of soft power. *Global Media and China, 1*(4), 278–294.

Floyd, P. (19. November 2007). Try policy instead of PR. *Los Angeles Times,* A21.

Fröhlich, R. (2015). Zur Problematik der PR-Defintion(en). In R. Fröhlich, P. Szyszka, & G. Bentele (Hrsg.), *Handbuch der Public Relations* (S. 103–120). Wiesbaden: Springer VS.

Gienow-Hecht, J. (2009). *Sound diplomacy. Music and emotions in transatlantic relations, 1850–1920.* Chicago: Chicago University Press.

Gienow-Hecht, J., & Donfried, M. (Hrsg.). (2010). *Searching for a cultural diplomacy.* New York: Berghahn.

Gilboa, E. (1998). Media diplomacy: Conceptual Divergences and Applications. *The International Journal of Press/Politics, 3*(3), 56–75.

Gilboa, E. (2016). Public diplomacy. In G. Mazzoleni (Hrsg.), *The International encyclopedia of political communication* (S. 1297–1306). Oxford: Wiley.

Golan, G. J., Yang, S.-U., & Kinsey, D. F. (Hrsg.). (2015). *International Public relations and public diplomacy. Communication and engagement.* Berlin: Lang.

Gonesh, A., & Melissen, J. (2005). *Public diplomacy: Improving practice.* The Hague: Clingendael.

Hall, I. (2010). The transformation of diplomacy: Mysteries, insurgencies and public relations. *International Affairs, 86*(1), 247–256.

Hartig, F. (2016). *Chinese public diplomacy. The Rise of the Confucius Institute.* London: Routledge.

Hartig, F. (2017). Deterrence by public diplomacy: The negative dimension of international political communication. *Journal of Communication Management, 21*(4), 342–354.

Henisz, W. (2014). *Corporate diplomacy: Building reputations and relationships with external stakeholders.* New York: Routledge.

Huck-Sandhu, S. (2015). Internationale PR-Arbeit. In R. Fröhlich, P. Szyszka, & G. Bentele (Hrsg.), *Handbuch der Public Relations* (S. 757–772). Wiesbaden: Springer VS.

Jäger, T., & Viehrig, H. (Hrsg.). (2008). *Die amerikanische Regierung gegen die Weltöffentlichkeit? Theoretische und empirische Analysen der Public Diplomacy zum Irakkrieg.* Wiesbaden: VS Verlag.

Jansen, S. C. (2008). Designer nations: Neo-liberal nation branding – Brand Estonia. *Social Identities, 14*(1), 121–142.

Jarren, O., & Röttger, U. (2015). Public Relations aus kommunikationswissenschaftlicher Sicht. In R. Fröhlich, P. Szyszka, & G. Bentele (Hrsg.), *Handbuch der Public Relations* (S. 29–46). Wiesbaden: Springer VS.

Jowett, G. S., & O'Donnell, V. (2019). *Propaganda & Persuasion.* Thousand Oaks: Sage.

Kaneva, N. (2011). Nation branding: Toward an agenda for critical research. *International Journal of Communication, 5,* 117–141.

Karpf, D., Kreiss, D., Nielsen, R. K., & Powers, M. (2015). Qualitative political communication: Introduction – The role of qualitative methods in political communication research: Past, present, and future. *International Journal of Communication, 9,* 1888–1906.

Kulturrat. (2018). Neuerscheinung: Sammelband „Die dritte Säule", 26. April. https://www. kulturrat.de/pressemitteilung/neuerscheinung-sammelband-die-dritte-saeule/.

Kunczik, M. (1990). *Die manipulierte Meinung: Nationale Image-Politik und internationale Public Relations*. Köln: Böhlau.

Kunczik, M. (1997). *Images of nations and international public relations*. New York: Erlbaum.

La Porte, T. (2012). The impact of 'intermestic' non-state actors on the conceptual framework of public diplomacy. *The Hague Journal of Diplomacy, 7*(4), 441–458.

Leonard, M., Stead, C., & Smewing, C. (2002). *Public diplomacy*. London: The Foreign Policy Centre.

Maaß, K.-J. (Hrsg.). (2015). *Kultur und Außenpolitik. Handbuch für Wissenschaft und Praxis.* Baden-Baden: Nomos.

Maaß, K.-J. (2016). Auswärtige Kulturpolitik: Die dritte Säule der Diplomatie. Goethe-Institut Online, März 2016. https://www.goethe.de/de/kul/ges/20723017.html.

Manheim, J. (1994). *Strategic public diplomacy and American Foreign Policy: The evolution of influence*. Oxford: Oxford University Press.

McDowell, M. (2008). Public diplomacy at the crossroads: Definitions and challenges in an 'Open Source' era. *The Fletcher Forum of World Affairs, 32*(3), 7–16.

Melissen, J. (2005). *The new public diplomacy: Soft power in international relations*. Leiden: Brill.

Meyen, M., Löblich, M., Pfaff-Rüdiger, S., & Riesmeyer, C. (2011). *Qualitative Forschung in der Kommunikationswissenschaft: Eine praxisorientierte Einführung*. Wiesbaden: VS-Verlag.

Monath, H. (25. Mai 2018). Auswärtige Kultur- und Bildungspolitik: Der Kampf der Ideen wird härter. *Der Tagesspiegel*. https://www.tagesspiegel.de/politik/auswaertige-kultur-und-bildungspolitik-der-kampf-der-ideen-wird-haerter/22605924.html.

Nielsen, R. K. (2016). 'A desk is a dangerous place from which to view the world.' Social science and the 2016 elections. rasmuskleisnielsen.net. https://rasmuskleisnielsen. net/2016/11/09/a-desk-is-a-dangerous-place-from-which-to-view-the-world-social-science-and-the-2016-elections/.

Nye, J. (2004). *Soft power: The means To success In world politics*. New York: Public Affairs.

Ostrowski, D. (2010). *Die Public Diplomacy der deutschen Auslandsvertretungen weltweit. Theorie und Praxis der deutschen Auslandsöffentlichkeitsarbeit*. Wiesbaden: VS Verlag.

Ota, Y. (2010). Difficulties faces by native Japan interpreters: Nitobe Inazo (1862–1933) and his generation. In J. Gienow-Hecht & M. Donfried (Hrsg.), *Searching for a cultural diplomacy* (S. 189–211). New York: Berghahn.

Pamment, J. (2014). Articulating influence: Toward a research agenda for interpreting the evaluation of soft power, public diplomacy and nation brands. *Public Relations Review, 40*(1), 50–59.

Potter, E. (2009). *Branding Canada: Projecting Canada's soft power through public diplomacy*. Montreal: McGill-Queens's University Press.

Raupp, J., & Kocks, J. N. (2018). Regierungskommunikation und staatliche Öffentlichkeitsarbeit aus kommunikationswissenschaftlicher Perspektive. In J. Raupp, J. N. Kocks, & K. Murphy (Hrsg.), *Regierungskommunikation und staatliche Öffentlichkeitsarbeit* (S. 7–24). Wiesbaden: Springer VS.

Raupp, J., Kocks, J. N., & Murphy, K. (Hrsg.). (2018). *Regierungskommunikation und staatliche Öffentlichkeitsarbeit*. Wiesbaden: Springer VS.

Rawnsley, G. (2000). *Taiwan's informal diplomacy and propaganda*. Basingstoke: Palgrave Macmillan.

Riordan, S. (2004). *Dialogue-based public diplomacy: A new foreign policy paradigm?* The Hague: Clingendeal Institute.

Schreiner, P. (2011). *Außenkulturpolitik. Internationale Beziehungen und kultureller Austausch*. Bielefeld: transcript.

Schreyer, P. (6. Mai 2018). Auswärtiges Amt: Kriegsmarketing statt Friedensdiplomatie? *Telepolis*. https://www.heise.de/tp/features/Auswaertiges-Amt-Kriegsmarketing-statt-Friedensdiplomatie-4040802.html?seite=all.

Schumacher, F. (2015). Anspruch und Wirklichkeit in Geschichte und Gegenwart – Die Auswärtige Kulturpolitik der USA. In K.-J. Maaß (Hrsg.), *Kultur und Außenpolitik. Handbuch für Wissenschaft und Praxis* (S. 349–356). Baden-Baden: Nomos.

Signitzer, B., & Wamser, C. (2006). Public diplomacy: A specific governmental public relations function. In C. H. Botan & V. Hazleton (Hrsg.), *Public relations theory II* (S. 435–464). Mahwah: Erlbaum.

Signitzer, B. H., & Coombs, T. (1992). Public relations and public diplomacy: Conceptual convergences. *Public Relations Review, 18*(2), 137–147.

Surowiec, P. (2017). *Nation branding, public relations and soft power. Corporatising Poland*. New York: Routledge.

Szondi, G. (2008). *Public diplomacy and nation branding: Conceptual similarities and differences*. The Hague: Clingendeal.

Taylor, P. M. (2003). *Munitions of the mind: A history of propaganda*. Manchester: Manchester University Press.

Taylor, P. M. (2009). Public diplomacy and strategic communications. In N. Snow & P. M. Taylor (Hrsg.), *Routledge handbook of public diplomacy* (S. 12–18). New York: Routledge.

Theiner, P. (2015). Frei für Ideen und neues Denken – Die Stiftungen. In K.-J. Maaß (Hrsg.), *Kultur und Außenpolitik. Handbuch für Wissenschaft und Praxis* (S. 300–307). Baden-Baden: Nomos.

Varga, S. (2013). The politics of nation branding: Collective identity and public sphere in the neoliberal state. *Philosophy and Social Criticism, 39*(8), 825–845.

Viehrig, H., & Tenscher, J. (Hrsg.). (2007). *Politische Kommunikation in internationalen Beziehungen*. Münster: LIT.

Viktorin, C., Gienow-Hecht, J., Estner, A., & Will, M. (Hrsg.). (2018). *Nation branding in international history*. New York: Berghahn.

Violet, A. (2016). *Deutschland durch die Brille der Welt. Deutschlandbild und Deutschlandbildung in der Auswärtigen Kultur- und Bildungspolitik*. Münster: Waxmann.

Wang, J. (2006). Managing national reputation and international relations in the global era: Public diplomacy revisited. *Public Relations Review, 32*(2), 91–96.

Wolf, C., & Rosen, B. (2004). *Public diplomacy. How to think about and improve it*. Santa Monica: Rand Cooperation.

Zaharna, R. S. (2004). From propaganda to public diplomacy in the information age. In N. Snow & Y. R. Kamalipour (Hrsg.), *War, media, and propaganda: A global perspective* (S. 219–225). Lanham: Rowman & Littlefield.

Zaharna, R. S., Arsenault, A., & Fisher, A. (Hrsg.). (2013). *Relational, networked, and collaborative approaches to public diplomacy: The connective mindshift*. New York: Routledge.

Zerfaß, A. (2015). Kommunikations-Controlling: Steuerung und Wertschöpfung. In R. Fröhlich, P. Szyszka, & G. Bentele (Hrsg.), *Handbuch der Public Relations* (S. 715–738). Wiesbaden: Springer VS.

Zerki, S. (15. Juni 2018). Kulturarbeit ist immer Friedensarbeit. *Süddeutsche Zeitung*, 11.

Zöllner, O. (2006). A quest for dialogue in international broadcasting: Germany's public diplomacy targeting Arab audiences. *Global Media and Communication, 2*(2), 160–182.

Zöllner, O. (2009). German public diplomacy: The dialogue of cultures. In N. Snow & P. M. Taylor (Hrsg.), *Routledge handbook of public diplomacy* (S. 262–269). New York: Routledge.